Françoise Héritier

Das ist das Leben!
C'est la vie!

Aus dem Französischen
von Gaby Wurster

Der folgende Text wird wohl alle überraschen, die
mich durch meine anthropologischen Abhand-
lungen kennen. Mit großer Demut erkläre ich:
Es ist eine »Phantasie«, die da aus meiner Feder
geflossen ist, und sie hat eine Geschichte. Eines
schönen Sommertages – wenn man so sagen kann,
denn damals herrschte richtiges Hundewetter –
bekam ich eine Postkarte aus Schottland. Jemand,
den ich sehr mag, Professor Jean-Charles Piette,
»Monsieur Piette«, wie ich ihn im Stillen nenne,
schickte mir einen Gruß von der Insel Skye.
Er begann mit den Worten: »Eine ›gestohlene‹
Woche Schottlandurlaub.«

Man muss wissen, dass dieser herausragende Arzt,
Internist an der Pariser Klinik Pitié-Salpêtrière
von seinen Patienten – darunter seit dreißig
Jahren ich selbst – angebetet wird und nur für sie
und seine Arbeit lebt. Ich erlebte ihn immer am
Rande der physischen und psychischen Erschöp-
fung. Jedem Patienten widmet er ganze Stunden,

es geht sogar so weit, dass er den letzten Patienten des Tages nach Hause begleitet, wenn dieser zu lange warten musste, oder dass er jemanden im Zug aufsucht (was er in einem Notfall einmal für mich getan hatte). Er war zu unglaublicher Großzügigkeit und zu genauso unglaublichen Kurzschlusshandlungen fähig. Und nun sprang mir diese Formulierung, »eine ›gestohlene‹ Woche«, buchstäblich ins Auge. Wer stiehlt hier was? Stiehlt er einer Welt, der er alles verdanken mochte, eine kleine Atempause, oder lässt er sich im Gegenteil nicht sein Leben rauben von dieser fordernden Umgebung, dieser drängenden Arbeit, diesen vielfältigen, erdrückenden Verantwortlichkeiten? Wir stehlen ihm das Leben. Er stiehlt sich selbst das Leben.

Ich begann, ihm sinngemäß zu antworten: Sie versagen sich jeden Tag das, was die Würze des Lebens ausmacht. Und wozu? Um dem Gefühl, niemals genug zu tun, zu entkommen? Kaum hatte ich begonnen, fand ich Gefallen an der Sache und fragte mich ernsthaft, was mein eigenes Leben ausmacht, ausgemacht hat und sicherlich weiterhin ausmachen wird. Nun folgt also eine Aufzählung, eine einfache Liste in einem einzigen langen Satz, der nach und nach von allein kam wie ein langer, gemurmelter Monolog: Empfindungen, Gefühle, Wahrnehmungen, kleine Freuden, große Freuden, mitunter tiefe Enttäuschungen und sogar Leid, wenngleich sich mein Denken eher auf die lichtvollen Momente des Lebens richtete als auf die dunklen Augenblicke, die es auch gab.

In kleine, ganz allgemeine Begebenheiten, die jeder irgendwann einmal erlebt haben wird, mische ich nach und nach persönliche, dauerhafte Erinnerungen, die für immer in aussagekräftigen inneren Bildern festgehalten sind, scharfe Momentaufnahmen, die man, so glaube ich, in Worte übersetzen kann (in meine persönlichen, weiblichen Worte). Dieser Text soll eine Art Prosagedicht als Hommage an das Leben sein.

Ich denke, ich habe sicherlich ein eher sorgen-
freies Leben gehabt. Ich hatte das Glück, einen
Beruf auszuüben, dessen Fragestellungen der
Existenz Tiefe und dem Alltag eine sehr seltene
freudige Note verleihen. Ich habe immer gern
gearbeitet und tue es noch. Ich hatte das Glück,
weder Not leiden noch mich um des schieren
Überlebens willen großen Anstrengungen
unterziehen zu müssen wie Millionen anderer
Menschen. Insofern könnte man meine Ansichten
als hedonistisches Geschwätz einer vom Leben
Begünstigten abtun. Dennoch bin ich geneigt
zu glauben, dass meine Betrachtungen über die
reine Sinnlichkeit auf konkrete Erfahrungen
aller Menschen stoßen.

Der Leser wird mehrere Schichten vergangener
Zeiten wahrnehmen. Ich bin vor dem Zweiten
Weltkrieg geboren, er hat mich sehr geprägt, ohne
dass ich schwer darunter leiden musste – hat
er mir doch im Gegenteil ermöglicht, während

langer Ferien im Livradois in der Auvergne ein ländliches Leben kennenzulernen, das mittlerweile untergegangen ist. Meine Afrikareisen fließen in den Text genauso ein wie die Erfahrung der Krankheit. Und immer sind da Begegnungen, das Ungewöhnliche, der aufmerksame Blick auf die Natur, auf das, was sie hervorbringt, auf Tiere, Geräusche, Laute, Licht und Schatten, auf Geschmäcke …
Und vor allem auf andere Menschen.

Es werden sich keine oder nur sehr wenige Enthüllungen über mein Privatleben finden. Genauso wenig geht es um die Freuden des Geisteslebens, der Forschung, des Schreibens, auch wenn sie sehr intensiv sind.
Auch nicht um die Liebe, obwohl sie in meinem Leben großen Raum einnimmt – wie vermutlich auch im Leben der Leser. Das war nicht meine Absicht.
Aber was dann?

In der bloßen Tatsache, dass man lebt, liegt eine gewisse Leichtigkeit, ein Charme, über die täglichen Beschäftigungen, über große Gefühle, politisches Engagement und alles andere hinaus, und nur darüber will ich berichten.
Über dieses kleine Extra, das uns allen gegeben ist, denn: Das ist das Leben!

13. August

Ich habe mich gestern sehr über Ihre Karte
gefreut und darüber, dass Sie an diesem schönen
Ort, der einen ins Träumen bringt, Urlaub
gemacht haben. Im schottischen Nebel ging es
Ihnen also gut. Insofern haben Sie Ihre Ferien
nicht »gestohlen« im Sinne von Diebstahl oder
Unterschlagung. Eher ist es umgekehrt: Sie
bestehlen sich selbst jeden Tag um Ihr Leben.

Geht man von einem Durchschnittsalter
von 85 Jahren aus, also von 31 025 Tagen mit
schätzungsweise acht Stunden Schlaf, dreieinhalb
Stunden für Einkäufe, Kochen, Essen, Abwasch
und so weiter, anderthalb Stunden für Körper-
pflege, Behandlung von Krankheiten und so fort,
drei Stunden für Haushalt, Kinder, Fahrten von
A nach B, verschiedene Erledigungen, Reparatu-
ren etc., dazu 45 Jahre lang 140 Stunden Arbeit
im Monat, also etwa sechs Stunden pro Tag
(ohne das Vergnügen einzurechnen, das die Arbeit
machen kann), sowie täglich eine Stunde mit

obligatorischen Sozialkontakten, Gesprächen mit Nachbarn, Bekannten, in Gremien, Seminaren und Ähnlichem – wie viel Zeit bleibt einem beliebigen Menschen dann noch für die Dinge, die dem Leben seine Würze verleihen?

Für Ferien, Theater, Kino, Oper, Konzerte, Ausstellungen, Lektüre, Musik hören und Musik machen, für Spaziergänge an der frischen Luft, Ausflüge, Reisen, Gartenarbeit, Besuche von und bei Freunden.

Fürs Nichtstun, Schreiben, für etwas Schöpferisches oder Erfinderisches, fürs Träumen, Nachdenken, für Sport (alle Sportarten), Gesellschaftsspiele, Spiele überhaupt, für Kreuzworträtsel, fürs Ausruhen, Reden.

Fürs Flirten, für Liebe und warum nicht auch für lässliche Sünden? (Ihnen wird aufgefallen sein, dass ich Sex nicht einmal erwähne.)

Ja, ich wette, Sie erraten es nicht: anderthalb Stunden in der sogenannten aktiven Lebensphase, fünfeinhalb Stunden davor und danach.

Und Sie, Sie dehnen Ihre Arbeitszeit auf alle anderen Zeiten aus und beschneiden alle angenehmen Dinge, nach denen sich unser Innerstes sehnt.

13. August, ein paar Stunden später

In der Liste der Dinge, die unser Leben bereichern, habe ich einiges ausgelassen.

Ich mache nun nach der Methode der Surrealisten weiter – freie Assoziation, ich lasse es einfach kommen. All das mag Ihnen hedonistisch und vielleicht auch wenig seriös vorkommen – denn ich lasse alle anspruchsvollen geistigen Freuden und die Freuden eines beruflichen Engagements beiseite. Nichtsdestotrotz handelt es sich um sehr ernsthafte und sehr notwendige Dinge, wenn man sich seine Lebenslust bewahren will: jenes innere Kribbeln, das kleine Freuden, Fragen und auch Enttäuschungen verursachen, wenn man ihnen Raum zum Atmen lässt.

Ich fahre fort…

… ich habe das verrückte Lachen vergessen, Telefonate über Gott und die Welt, handschriftliche Briefe. Essen im Familienkreis (manchmal) und mit Freunden. Das Bier am Tresen, ein Glas Rotwein, einen kleinen Weißen, Kaffee in der

Sonne. Mittagsschlaf im Schatten. Am Meer
Austern oder Kirschen vom Baum essen.
Brüllendes Lachen. Etwas sammeln (Steine,
Schmetterlinge, Schatullen, was weiß ich).
Die selige Ruhe kühler Herbstabende. Sonnen-
untergänge.
Nachts wach sein, wenn alle schlafen.
Versuchen, sich an Liedtexte von früher zu erinnern.
Gerüchen und Geschmäcken nachspüren. In Ruhe
Zeitung lesen. In Fotoalben blättern. Mit der Katze
spielen. Ein Phantasiehaus bauen, den Tisch schön
decken. Lässig an einer Zigarette ziehen. Tagebuch
schreiben.
Tanzen (ah, tanzen!). Ausgehen, feiern, am 14. Juli
zum Ball gehen.
Wie Millionen das Neujahrskonzert anhören. Auf
dem Sofa liegen. Durch die Straßen bummeln
und Schaufenster ansehen. Schuhe anprobieren.
Den Hanswurst spielen, Stimmen nachahmen.
Eine fremde Stadt erkunden.
Fußball, Scrabble oder Domino spielen. Wortspiele

machen, kalauern. Unsinn erzählen. Ein kompliziertes Gericht kochen. Angeln, joggen, Boule spielen.

Einem Gedanken nachhängen. Einen alten Film im Fernsehen oder im Programmkino anschauen. Ein Lied pfeifen, mit den Händen in den Hosentaschen. An gar nichts denken.

Augenblicke der Ruhe und des Alleinseins. Durch warmen Regen laufen. Lange Gespräche in der Dämmerung. Küsse auf den Hals. Der Duft warmer Croissants auf der Straße. Verschwörerisches Zwinkern. Der Moment, wenn es draußen in der Natur ganz still wird … Die fröhlichen Schreie der Kinder auf dem Pausenhof. Sich an Eiscreme und Pralinen laben.

Zu wissen, dass man gefällt, dass man angesehen, angehört wird. Sich beweglich fühlen. Ausschlafen. An Bord eines Fischerboots gehen. Einem Handwerker zusehen. Vor einem Marktschreier stehen bleiben (ha, das ist lange her!). Sich am Treiben auf der Straße freuen. Freunde treffen,

die man seit Ewigkeiten nicht gesehen hat. Den
anderen wirklich zuhören ...

Ich habe noch so viel vergessen.

Und was würde Ihnen am meisten fehlen, sollte
all das für immer aus Ihrem Leben verschwinden?

14. August

Vielleicht langweile ich Sie ja ganz schrecklich.

… andächtig Mozart, die Beatles oder Astrud
Gilberto hören. An einem Abend in die Schweiz
und wieder zurück zum Konzert seines Lieblings-
sängers fahren. In Walderdbeeren schwelgen. Bei
steifem Wind einen Küstenweg entlanggehen.
Auf eine Sonnenfinsternis oder den nächtlichen
Flug eines Uhus warten.
Sich den Kopf darüber zerbrechen, was einem
anderen gefallen würde. Barfuß gehen. Stimmen
lauschen, die das Meer zurückwirft. Sich strecken
und gähnen. Ein kleines Licht anzünden oder
große Scheinwerfer einschalten. Auf ein Abenteuer
aus sein und Komplimente machen. Auf viel-
sagende Blicke lauern. Ein Eselsohr knicken (auch
wenn man das nicht macht!). Eine Zeit lang die
Höflichkeit in den Wind schreiben. Vergessen,
die Post zu holen. Sich im Arm halten, Händchen-
halten. Gegen den Strom schwimmen. Einem
vornehmen älteren Herrn die Tür aufhalten.

Sich zusammenkuscheln. Die kühle Luft am frühen Morgen riechen. Zusehen, wie Äste sich im Wind wiegen. Ein schön knisterndes Feuer entzünden. Sich mit Wurst und Gürkchen vollstopfen. Die Minute abpassen, in der ein Engel vorbeihuscht (zwanzig vor, zwanzig nach und zur vollen Stunde). Ins Fettnäpfchen treten. Wild die Haare schütteln. Jemandem zulächeln, der nicht damit rechnet.

Ernst über ein oberflächliches Thema sprechen und Witze über eine ernste Angelegenheit machen (aber nicht mit jedem!). Sich von einem Trottel oder einem Besserwisser nichts vormachen lassen. Sich bedenkenlos an dem freuen, was man gern tut (Geräusche wie ein Rennwagen machen mit inbegriffen). Dem Leben in sich lauschen. Auf dem Rücken ausgestreckt schlafen.

Die Hand zum Gruß heben wie Inspektor Columbo. Auf allen vieren die Treppen hinaufklettern. Irgendwo außer Atem ankommen. Im Kino weinen. Gefühle zeigen oder aber olympische Ruhe bewahren. Schweigen-staunen-hören. Wieder mal Fahrrad fahren, Klavier spielen oder Bogen schießen.

Bei einem Spaziergang einfach so die Toiletten eines Luxushotels benutzen. Sich beherzt in einen zu tiefen Sessel sinken lassen. Aufs Geratewohl kleine Dinge aufsammeln. Die Hände ins Moos des Waldes oder in den Schaum des Spülwassers stecken.

Dem Trommelwirbel des Feldhüters lauschen (das ist vorbei) oder dem Drehorgelspieler auf der Straße (auch vorbei). Beim Fangenspielen hinter einem Freund herrennen. Sich an ein offenes Fenster setzen.

An einem Ort aufwachen, den man nicht wiedererkennt. Herzklopfen haben. Argumente sorgsam abwägen, eine Melone mit der Hand abwiegen. Einen Sandkastenfreund wiedersehen.

Vergrabene Erinnerungen wiederfinden (mein Gott, wie wahr!). Sich Zeit nehmen, um eine unbedeutende Kleinigkeit auszuwählen (und wichtige Dinge ganz spontan entscheiden). Dem Flug einer einzelnen Schwalbe im Schwarm folgen. Von oben eine Katze beobachten, die nichts davon bemerkt. Sich ins Fäustchen lachen. Die blaue Stunde erwarten. Seine Pflanzen gießen und zu ihnen sprechen. Die Berührung von schönem Leder, einem Pfirsich oder von Haaren genießen. Ganz genau den Hintergrund der *Mona Lisa* oder die Spitzen bei Maurice de Vlaminck studieren. Beim Klang einer Stimme vor Freude in die Luft springen. Zu einem Abenteuer aufbrechen. Im Halbdunkel sitzen und nichts tun. Vorsichtig in gegrillte Heuschrecken beißen. Sich an endlosen Gesprächen mit alten Freundinnen freuen. Sich schöne Geschichten ausdenken …

15. August, 18 Uhr 27

Ich fahre fort, auch wenn ich Sie langweilen sollte, denn das wird immer aufregender. Ich habe den Eindruck, einstürzende Ufer zu unterspülen. Wie auch immer, jedenfalls liefere ich Ihnen Munition, falls man Sie in zwanzig Jahren fragen sollte, was ich für ein Mensch gewesen sei.

… am Telefon flüstern. Schon Jahre im Voraus Verabredungen treffen. Robert Mitchums Haltung, Henry Fondas Gang, Brad Pitts Lächeln, Gene Tierneys und Michelle Pfeiffers romantische Schönheit, Marilyn Monroes Arglosigkeit, Audrey Hepburns Anmut bewundern.
Sich in Florenz den Eisbecher *coppa del nonno* schmecken lassen. Vor Wohlbefinden seufzen. Durch die Abteilungen eines Kaufhauses schlendern. Mit dem Jeep über Trassen voller Schlaglöcher fahren. Mit den Händen und auf dem Boden hockend essen. Eine Kolanuss oder einen Schokoriegel teilen. Im Kino Angst bekommen. Krimis oder gute Sciencefiction lesen. Ungeniert

den schönsten Pfirsich aus der Obstschale
nehmen. Vorsichtig Strandschnecken aus ihrem
Haus ziehen. In einem echten Fernfahrerlokal
auf einer karierten Tischdecke essen. Kristallgläser
klirren lassen.
Bei einem guten Rugby-Match dabei sein.
Karten, Kniffel, Mensch-ärgere-dich-nicht spielen.
Ein schlechter Spieler unter schlechten Spielern
sein. Sich heftig für eine Nebensächlichkeit
verkämpfen. Sich weigern, auf Choleriker zu
reagieren (Kinder eingeschlossen, und sich den
Luxus gönnen, ihnen in Geschäften vorwurfs-
volle Blicke zuzuwerfen). Sich auch den Luxus
erlauben, ein Taxi vorzubestellen, und sich
gelassen die Warteschlangen an den Taxiständen
ansehen (*suave mari magno …*). Einen Schirm
haben, wenn man einen braucht – der dann
auch noch groß genug ist für mehrere Personen.
Zügig ausschreiten. Durchs Laub schlurfen.
Dem Foto seiner Großmutter zärtlich zulächeln.
Bei Nacht Käuzchen und bei Tag Grillen hören.

Einen Wildblumenstrauß pflücken. Zusehen,
wie die Nebelschwaden wabern. Querfeldein
einer Hasenspur folgen oder auf Jean-Louis
Trintignants Spuren durch den Hafen von Nizza
spazieren. Versuchen, den Moment zu fassen,
in dem man einschläft. Das Gewicht seines
erschöpften Körpers im Bett spüren.
Eine Prüfung bestehen. An der Schulter eines
anderen Menschen schlafen. Teil einer jubelnden
Menge sein. Ein schönes Feuerwerk sehen.
Die Callas singen, den Wind seufzen oder den
Hagel prasseln hören.
Ins Feuer blicken. Auf der Straße ein Sandwich
essen. Durch heißen Sand gehen – aber nicht zu
lange.
Einen Schlüsselbund in die Luft werfen. In freier
Natur pinkeln. Zu Tränen gerührt sein. Beim
Fußball vor Freude über einen nicht zu haltenden
Schuss schreien. Streicheln, gestreichelt werden,
küssen, geküsst werden, umfangen, umfangen
werden (von Liebe, Freundschaft, Zärtlichkeit).

Sich voller Elan, Enthusiasmus, Leidenschaft
fühlen. Ein großes Herz haben. Sich über Konven-
tionen hinwegsetzen. Die Jugend bewundern.
Größere Augen haben, als der Magen vertra-
gen kann. Leise Angst haben. Sich unwohl
fühlen, dann die Augen aufschlagen und in die
Gesichter von Freunden blicken. Heimlich einer
Idee, einem Projekt, einer Erinnerung nachhän-
gen. In der Regenzeit abends in Niamey über den
Asphalt gehen und den heißen, würzigen Duft der
afrikanischen Erde riechen. Im Mondschein ein
Löwenpaar sehen, das leise die Trasse überquert.
Plötzlich im Scheinwerferlicht die Augen eines
Tieres erblicken.
Die ganze Nacht diskutieren. Sich Glück um
einen herum wünschen. Schränke entrümpeln.
Staunen, dass man noch lebt. Frohlocken, weil
man schlagartig die Lösung eines Problems
gefunden hat, das einen schon lange quält.
Ein Geschenk bekommen, das einem gefällt,
ein Freundschaftszeichen, eine Postkarte. Im

Chor Schlager singen. Geheimnisse haben. Sich ernsthaft über etwas Gedanken machen. Sich an mildem Wetter freuen …

17. August

Und weiter…

… dahinschmelzen bei Robert Redfords verhee-
render Zurückhaltung in *Jenseits von Afrika*
und bei Clark Gables genauso verheeren-
der Anmaßung in *Vom Winde verweht*. Linsen
verlesen. Einen Kieselstein aus der Schuhsohle
ziehen. Um Mitternacht ein Bad nehmen.
Das Nordlicht sehen. Purzelbäume machen und
sich im Gras wälzen (das ist lange her!). Ein
vierblättriges Kleeblatt finden.
Eine Patience legen, die aufgeht. Alte Rezepte
nachkochen. Seine Schritte von einem Bordstein
zum anderen zählen. Der kleinen Melodie der
Bahnschranke lauschen, die einen Zug ankündigt.
Sich vorstellen, was man aus einem Gegenstand,
einem Haus, einem Ort machen könnte.
Knusprige Brotrinde essen. Gras schneiden für
Kaninchen. Blumen gießen. Einen flauschigen
Schal stricken. Sehen, wie sich der Vorhang im
Theater hebt, wenn die Lichter verlöschen und

das Stimmengewirr verstummt. Mit knapper Not
einen Happen bei einem Empfang erwischen.
Weinen, wenn man die *Winterreise* hört. Die
Quellen der Loire am Mont Gerbier-de-Jonc
im Zentralmassiv erkunden. Einer Fremden auf
der Straße ein Kompliment machen. Sich bei
einer Verabredung im Tag, in der Woche oder im
Monat irren. Sich nach zwanzig Jahren wieder-
treffen, als hätte man sich nie getrennt.
Ein Parfum auftragen, das verfliegt. Sich vergessen
machen können. Die Leute amüsieren. Ein Kind
hochheben und sich beklagen, wie schwer es sei, es
aber nicht mit dummen Fragen langweilen. Sich
fragen, wo man vor seiner Geburt war, anstatt
was nach dem Tod aus einem wird. Zeitungs-
papier zusammenknüllen. Bilder ausschneiden
und Collagen machen. Mit dem Flugzeug starten
und landen. Gierig auf die Teller blicken, die
den Tischnachbarn serviert werden. Passanten
beobachten und wild psychologisieren. Auf der
Terrasse eines Cafés auf jemanden warten.

Sich sagen, dass man Gymnastik machen sollte.
Manchmal daran denken, tief durchzuatmen.
Eine Büroklammer glätten. Von Hand Mayonnaise
oder Eischnee schlagen. Eine köstliche exotische
Frucht entdecken.
Sich seine Kindersprache, Sprichwörter, Kennt-
nisse wieder ins Gedächtnis rufen. Treffende
Worte benutzen, die überraschen. Trinken, wenn
man großen Durst hat. Sich nie für sich selbst
schämen...

18. August

… mit einer Siamkatze oder einem bretonischen Spaniel ein einverständiges Gespräch führen. Siebenmal hintereinander niesen. Als Erster die Kirchturmspitze von Trégunc sehen. Ein Picknick mit allem Drum und Dran machen. *Stormy Weather* singen wie Lena Horne oder *Over the Rainbow* wie Judy Garland. Sich wie Luis Mariano an *Mexico* versuchen und an den hohen Tönen scheitern. Sich in John Fords weiten Himmeln verlieren.

Mit einem Kleinflugzeug über den afrikanischen Busch fliegen. Steine übers Wasser hüpfen lassen. Vor Ungeduld zittern. Spüren, wie sich beim Essen von Ingwer die Papillen zusammenziehen. Die feuchten Nüstern eines Kälbchens berühren. Pilze suchen, wilde Heidelbeeren pflücken. Bei Springtiden Muscheln fischen gehen. Seine Küche, sein Zimmer, seinen Schreibtisch betrachten, wenn alles aufgeräumt ist. Sich eigenartige Wörter auf der Zunge zergehen lassen (Hapaxlegomenon, Mithridatismus …). Seilbahn fahren.

Bei den drei Gongs vor dem Heben des Vorhangs im Theater zusammenzucken. Versteck spielen. Gänsehaut bekommen und das Gefühl, wenn einem die Haare zu Berge stehen.
Bei einer Tombola auf dem Land Krimskrams gewinnen. Auf einer breiten, baumgesäumten Allee nachts ein wenig Angst haben. Ausgiebig duschen. Eine Kopfmassage bekommen.
Koffer packen, den Schlüssel ins Schloss stecken, auf Reisen gehen. Mit bloßen Händen Flusskrebse fangen (das ist vorbei!), im Burgund Schnecken sammeln (auch vorbei). Sich auf einer Chaiselongue ausstrecken. Auf den Postboten warten. Schreien, um das Echo zu hören. Einen Stein wegkicken. Unter den angewiderten Blicken der Eltern Schorf vom Knie kratzen (das ist lange her!). Die beste Note in Mathe kriegen. Mundharmonika oder Maultrommel spielen. Das letzte Wort haben. Ein Holzmodell bauen, ein großes Puzzle fertig kriegen. Von Weitem den Kilimandscharo oder den Fujiyama sehen. Lust

auf Bobo-Dioulasso haben. An den Lippen dessen hängen, den man liebt.

James Stewart in einem guten Western sehen, zuschauen, wie sich der Zug mit einem einarmigen Spencer Tracy durch die Prärie schlängelt. Sich vor *Alien* oder vor Zombies vom Grauen gepackt im Sessel zusammenkauern.

Eine Tamariske betrachten. Während einer Magnetresonanztomographie einschlafen. Die Krankenschwester trösten, wenn sie keine Vene findet. Den Assistenzarzt »zum Anbeißen« finden. Sich von einem Schweizer zusammenstauchen lassen, wenn man bei Grün über die Straße geht und das kleine Männchen ganz rot ist. Die Hände in die Taschen stecken. Auf einem Bett herumspringen (auch das ist schon lange her). Artischockenblätter zupfen. Eine Metapher weiterspinnen.

Eine schöne Sonnenbrille finden. Fast an einer Chilischote ersticken. Zurückschimpfen, wenn nötig. Ein Tier zähmen. Den Horizont nach der

Insel absuchen, die man nur sieht, kurz bevor es regnet. Blut und Wasser über einem Text schwitzen oder wenn man mit dem Rad bergauf fährt…

Zehn Stunden später

... sich wegen einer Belanglosigkeit verkämpfen.
Streichhölzer anzünden. Kupfer polieren. Bei
einer langweiligen Konferenz dösen.
Schwierige Kreuzworträtsel lösen. Fluchen wie
ein Rohrspatz (am liebsten auf Bretonisch), wenn
einfach nichts klappen will. Nicht auf gezielte
Schmeicheleien hereinfallen. Der Versuchung
des Essens nachgeben. Auf den Turm von Notre-
Dame steigen und von Machu Picchu träumen.
Die Gischt der Niagarafälle voll abbekommen.
Einen riesigen Baobab umrunden. Wasser ohne
Flaschenzug mit der Kraft der Arme aus einem
Brunnen ziehen. Sich von einem Moskitonetz
geschützt fühlen.
Ein Geschenk auspacken (»Was ist denn das?«).
Neugierig und begierig auf das Morgen sein. Einen
großen Esel aus dem Poitou und ein Salers-Rind
bestaunen. Sich im Bewusstsein getaner Arbeit
erschöpft aufs Bett fallen lassen. Einen umfang-
reichen Abwasch beenden. Im Finistère bei Nebel
auf den Menez-Hom, bei gutem Wetter auf den

Puy-de-Dôme im Zentralmassiv und bei frischem
Wind auf den provenzalischen Mont Ventoux
steigen.

Die Kühlerhaube eines Wagens öffnen, der in
den Alpen in der Casse Déserte des Col d'Izoard
qualmt (das war Anfang der Fünfzigerjahre).
Eine alte Schatzkiste finden mit einem schönen
Glimmerstein darin. Sich der Flüchtigkeit der
Dinge bewusst sein und der Notwendigkeit, sich
an ihnen zu erfreuen. Ein Märchen im richtigen
Tonfall nacherzählen.

Seine Faulheit und seine Angst vor Veränderun-
gen überwinden. An einem schönen Spätnachmit-
tag ein Glas Bier auf der Terrasse einer Bar trinken
und ein wenig Hunger bekommen. Bei Einbruch
der Nacht leicht schaudern. Unempfänglich
sein für die Niedertracht gewisser Worte. Im
Hintergrund bleiben, wenn die Angeber fröhli-
che Urstände feiern. Muskelprotze und ihre
Waschbrettbäuche unschön finden. Eine Ziege an
den Hörnern nehmen. Sich von einer eifersüch-

tigen Siamkatze anfauchen lassen. Instrumente
erkennen, ohne zu wissen, wozu sie dienen.
Schweigen und erst nach reiflicher Überlegung
sprechen. Sich nicht verpflichtet fühlen, alles so
zu tun wie alle anderen. Sich fragen, ob einem
das klösterliche Leben liegen würde. Auf alles
neugierig sein. Immer die Augen offen halten.
Glücklich den Duft frischen Heus oder Tangs
riechen. Einen Augenblick im Schlammgeruch
bei Ebbe verharren. Durch einen Bach waten
oder von Stein zu Stein springen. Der *Mona Lisa*
einen Schnurrbart aufmalen (und heimlich
lachen bei der Erinnerung an deren surrealis-
tische Verfremdung *L. H. O. O. Q.* von Marcel
Duchamp).
So still sein, dass ein Vogel darauf hereinfällt.
Eine Fliege mit einer einzigen Handbewegung
fangen wie Obama. Einen Wildbach rauschen
hören. Gellende Schreie ausstoßen, während
man in einem Wagen sitzt, der von der Sonne
aufgeheizt wurde…

21. August

… ein Perlhuhn, ein anderes Geflügel oder Tier
geschenkt bekommen, das sich wehrt. Viele
Kartons, Speicher und tiefe Schränke haben.
Am Abgrund stehen. Stimmen, Diktion und
Gang von Menschen und Tieren perfekt nachahmen. In ein frisch bezogenes Bett schlüpfen.
Scheinheilig die bukolischen Fresken im Festsaal
des Bezirksrathauses des 11. Pariser Arrondisse-
ments betrachten. Sich die Nägel richten. Aufstehen und Nein sagen. Mit dem Herzen bei der
Sache sein. Über die Humoristen Coluche und
Pierre Desproges, über Charlie Chaplin und
Buster Keaton lachen. Sich in völliger Ratlosig-
keit in gewisse »Kunstwerke« vertiefen. Sich
kategorisch weigern, bestimmte Bücher zu Hause
zu haben (xenophobe beispielsweise oder solche,
die Völkermorde leugnen). Sich gut in seiner
Haut und in seinem Kopf fühlen, wenn auch
nur flüchtig … Etwas finden, das ein fehlendes
Werkzeug ersetzt. Noch immer die Regierungs-
bezirke mit ihren Hauptstädten aufsagen können

(hm, da bin ich mir nicht so sicher). Angesichts der Damenmode der Dreißigerjahre in schallendes Gelächter ausbrechen, die Mode der antiken Kreterinnen aber schön finden. Die ersten Iris im Jahr sprießen sehen. Mit Liebe seine Kosmeen schneiden. Herbstlaub harken. Schöne kerzengerade, parallele Heureihen aufschichten. Nach einem Höllenradau die Stille schätzen. Staunen und gerührt sein, wenn man Erinnerungsstücke wiederfindet. Die Zeitung von der letzten Seite her lesen.

Über die eigenen verrückten Schwierigkeiten mit der Verwechslung von rechts und links lachen. Vor oder nach allen anderen losfahren oder sich gegen den Strom bewegen und die Illusion der Allmacht haben. In einem riesigen Topf ein einziges Ei kochen (wie Buster Keaton).

Ausnahmsweise mal schlagfertig sein …

24. August

Ist es zu Ende?

… einen Grashalm zwischen die Finger spannen und darauf pfeifen. Nachts im Bett die Glocke von Westminster hören, die zu jeder Viertelstunde in der Küche von Bodélio ihre Melodie länger spielt. Das Nebelhorn von Moelan-sur-mer hören, das klang wie das Muhen einer Kuh. In einem Western eine große Stampede sehen.
Die weiche, welke Haut an den Händen einer älteren Dame streicheln. Seine Mutter, seine Schwester, seinen Mann bei Kosenamen nennen (»mein Herz«) und spüren, dass diese Namen absolut gerechtfertigt sind. In einem umschlossenen Hof zu Abend essen. Eine lustige Rabbinergeschichte hören. Mit Jean Gabin *Quand on s'promène au bord de l'eau* singen. Den Namen der Stadt Cunlhat in der Auvergne richtig aussprechen: [kœ̃n'ja]. Mit Herzklopfen einen Brief öffnen. Bei einem Regenschauer draußen sein, wenn gleichzeitig die Sonne scheint. Anhand der

Position der Strahlen der untergehenden Sonne das Wetter des nächsten Tages voraussagen.

Einen Jugendlichen feierlich »mein Herr« nennen. Rina Kettys zuckersüßen Stimme lauschen, während sie auf *Le retour* wartet, und Mireille Hartuchs bissigen Stimme in *Ce petit chemin*. Völlig hin und weg sein angesichts einer absolut passenden Farbe. Mit Charles Trenet herumtänzeln und zusammen mit Yves Montand die Beine eines jungen Mädchens auf einer Schaukel betrachten. Jemanden, den man verehrt, mit innerem Beben zum ersten Mal duzen, nachdem er einen darum gebeten hat. Zu Jacques Dutroncs Stimme in Paris erwachen. Sorgfältig einen Teller ablecken. Im Februar in Rom auf der Piazza Navona in der Sonne sitzen, Rucolasalat essen und ein Glas Orvieto dazu trinken. Goldknöpfe unter dem Kinn gelb spiegeln lassen. Weintrauben direkt vom Spalier an der Mauer pflücken und essen. Dicke Wassertropfen auf der Erde zerplatzen sehen, einen breiten Regenbogen oder in

schwarzer Nacht ein fernes Licht erblicken, eine
Sternschnuppe oder hoch oben am Himmel still
eine Raumkapsel vorbeifliegen sehen.
Ein Sparschwein, einen Fetisch, eine schlanke
Taille haben. Ein Tier überraschen, das
seinen Beschäftigungen nachgeht. Die Dichte
angespannter Stille spüren. Sich in ein Gespräch
einschalten, so wie man eine Arena betritt.
Endlich das richtige Wort finden. Auf einen
Anruf warten.
Traurig werden, weil die Kieselsteine beim
Trocknen ihre schönen Farben verlieren. Sich ein
großes Haus mit grünen Fensterläden an einer
Wegkreuzung mitten im Wald vorstellen. Eine
große Freitreppe mit zwei eleganten Treppen-
fluchten, opulente Stockrosen oder ein Dach
aus glasierten Ziegeln bestaunen. Unisono und
a cappella singen. Im Timbre einer Stimme
mitschwingen. Knall auf Fall verstörende Ähnlichkeiten mit jemandem entdecken und sich
gegenüber einem Neuankömmling wie gegenüber

einem alten Bekannten verhalten. Sich sich selbst
»zur Brust nehmen«. Einer bestimmten Vorstel-
lung derer treu bleiben, die man geliebt hat.
Die Korrekturfahnen eines neuen Buches
bekommen. Honigwaben von wilden Bienen
ausschlürfen, die man ausgeräuchert hat. Frische
Radieschen knabbern. Apfelkompott kochen und
Obstkuchen mit Mürbeteig backen. Frischen
Most trinken. Unter freiem Himmel schlafen.
An Schuhen, die man auf dem Boden einer
Hütte stehen ließ, die Nachtarbeit der Termiten
bewundern. Warmes Hirsebier aus einer Kalebasse
trinken und sie an seinen Nachbarn weiterreichen.
Eine lange Reise durch den Busch machen, ohne
einen platten Reifen zu bekommen. Am Ende des
Flurs den Chefarzt, den man zur Visite erwartet,
mit großen Reiherschritten und wehenden Kittel-
schößen herbeieilen sehen und sich getröstet,
überglücklich und wohlig fühlen. Alles an der Feldforschung lieben, auch die Unbequemlichkeiten.
Leicht mit jemandem ins Gespräch kommen.

Seine eigene Abscheu vor etwas akzeptieren. Kühe hüten. Wein aus einem Fass zapfen. Die fachkundigen Hände seines Arztes beobachten, der mit den Fingerspitzen das Übel aufspüren kann. Unabsichtlich eine witzige Bemerkung machen und sich dessen erst durch das Gelächter der anderen bewusst werden. Einmal mit dem Wagen die Rue de Belleville in einem Schwung hinunterfahren. Zum Friseur gehen. Sich eine Maniküre machen lassen...

2. September

Es ist wie eine Droge, ich mache weiter.

… reglos vor einer noch verschlafenen schwarzen
Mamba stehen; *Dr. House*, *Ally McBeal* oder das
Gothic Girl mit den braunen Rattenschwänzen
aus *NCIS* anschauen. Seil hüpfen, wenn rechts
und links die Freundinnen das Seil immer
schneller schwingen (das ist Urgeschichte …).
Sich einen Gin Fizz oder Campari Soda aus
einem Glas mit Zuckerrand schmecken lassen. In
einem fort Pistazien oder Cashewkerne knabbern.
Ein mit Cognac getränktes Stück Zucker in die
Kaffeetasse seines Tischnachbarn tunken und
essen. Die süßen Zuckerreste mit dem Kaffee-
löffel aus der Tasse kratzen. Den Angriff eines
Schwarmes wilder Bienen im Busch überleben.
Den kräftigen Geruch heißen Teers einatmen oder
den leicht ranzigen bei der Sheabutterherstellung.
Sportlich die tiefsten Spurrillen auf der Trasse
umfahren. Sich die Unterwäsche unter Krinolinen
vorstellen. Eine Liste aller Arten der Verhüllung

des männlichen Geschlechts erstellen. Sich
ganz allein in einem Krankenhausbett aufrich-
ten können. Wissen, dass derjenige, auf den man
wartet, auch kommt. Vom Gipfel eines Berges
die Landschaft sehen, die sich öffnet wie eine
Blüte. Spüren, wie die Erde sich unter dem
eigenen Körper bewegt, und dabei in die Wolken
blicken …
Die Sekunden zwischen Blitz und Donner zählen.
In die Dunkelheit blicken und darin merkwür-
dige Silhouetten, etwa die von Weberböcken
erkennen. Anderen weismachen, dass man aus
dem Kaffeesatz lesen kann. Vergeblich versuchen,
ein Kartendeck richtig zu mischen. Eines Tages
triumphierend vom Kochkurs kommen, weil man
gelernt hat, Sellerie-Remoulade zu machen, dann
die Familie tagelang damit mästen.
Sich ohne jede Scham an frühere Fehler erinnern.
Zur Mitternachtsmette in der Kirche Saint-
Augustin gehen und über den Gehweg der Rue
du Général-Foy schlittern, der damals noch mit

Holz gedeckt war. Im Kugelstoßen, aber in keiner anderen Sportart sehr gut gewesen sein. Herauszufinden versuchen, wer die Glückwünsche von Dekan Aymard ausgesprochen bekommt, bevor man begreift, dass man selbst es ist.

Ein schönes, rotes Kleid tragen bei der Hochzeit eines Freundes – Sohn eines sowjetischen Botschafters – mit einer (vor langer Zeit) berühmten Romanschriftstellerin.

Den Berg hinaufradeln wie Gino Bartali, bergab aber wie verrückt bremsen. In einem Autoscooter lachen, auch wenn man das Ganze nicht ausstehen kann. Auf den Tanzboden gehen, wenn nur ein Akkordeonist und ein Schlagzeuger aufspielen. Herrlich Walzer tanzen, aber auch den Java, Rumba, Paso doble, Tango und Rock mögen (ja, ja!).

Eine Nacht lang lesen, um einen Roman zu beenden, eine Nacht beim ersten Toten der Familie wachen (der Urgroßmutter mütterlicherseits), eine Nacht an der Bettseite seines Kindes zubringen. Eine ganz kleine Melodie von Mozart hören, die einem jedes Mal ans Herz geht. Vor hundert Leuten vom Podium fallen, aufstehen und weitermachen, als wäre nichts gewesen. Chinesisches Roulette spielen (»Wenn ich eine Blume wäre – welche Blume wäre ich?«). Durchs Meer waten. Mimosen berühren, einen zutraulichen Igel streicheln. Ein Mastschaf namens Pedro haben. Dem Kampf der Katze Petite Demoiselle mit einer Ratte im Kornspeicher beiwohnen (die Katze gewinnt). Am selben Tag im Lavradois warmes Roggenbrot essen, das in langen Streifen aufgeschnitten wird, und »Schweinekartoffeln«, die in einem großen Kessel gekocht werden, frisch gestampfte Butter und *millia*, eine Art Rührkuchen mit Schwarzkirschen (das war damals im Krieg, aber es kommt mir so vor, als wäre es erst gestern gewesen). Sich an den französischsprachigen Sender *Ici Londres* der BBC [*Radio London*] während des Krieges erinnern. Partisanen in der Auvergne gesehen haben, in Höhlen geflüchtet sein, die Bombardierungen von Saint-Étienne, Firminy, La Ricamarie, Rive-de-Gier überlebt haben. Gern braunen Fruchtzucker, der in Kompottschalen klumpte, und Kartoffelkuchen (eine Kalorienbombe!) gegessen haben. Beim großen Treffen der Vereinigten Linken an der Porte de Versailles zusammen mit François Mitterand, Georges Marchais und Robert Fabre dabei gewesen sein. Im Busch aus einem knisternden Transistorradio, das ein ghanaischer Migrant mitgebracht hatte, von den Ereignissen im Mai 1968 erfahren. Nach asketischen Aufenthalten in Afrika heftig auf das üppige Angebot unserer Wochenmärkte reagieren. Bei einigen Treffen der aufkeimenden Frauenbewegung in der Nähe des Parks von Montsouris zugegen gewesen sein.

Aufbewahren, was man geschenkt bekommt. Touristen und anderen, die nach dem Weg fragen, freundlich Auskunft geben, auch wenn man dadurch zu spät kommt. Von Hand schreiben.

Eine Zeit lang ganz besessen sein von einem
ausstehenden Treffen, von einem offenen Punkt
in einer bestimmten Angelegenheit oder von
der Frage, wie man einen Gedanken am besten
darstellen könnte.

Tee zubereiten, ein Abendessen improvisieren. In
einem Reanimationsraum aus dem Koma erwachen
und kurz denken, das Ende sei gekommen.

Glücklich sein, wenn das eigene Kind glücklich
ist. Gefühle aufsaugen wie ein Schwamm. Alles
sehr stark empfinden, es sich aber nicht anmerken
lassen … Keine Zahnschmerzen (oder sonstige
Schmerzen) mehr haben.

Eine Tür quietschen, eine Treppe knarzen oder
Kreide auf einer Schiefertafel kratzen lassen. Sich
alles ganz deutlich in der Vorstellung ausmalen.

Das grässliche Foto seiner Mutter in Ehren
halten, die mit über sechzig Jahren nach einem
Amateurrennen im Radfahrerinnendress für
eine Lokalzeitung neben ihrem Fahrrad posiert,
und sich selbst zu so einer Leistung außerstande

fühlen. Immer die eigenen Fähigkeiten bezweifeln und den Wahrheitsgehalt lobender Worte hinterfragen, die man bekommen hat (wie gut wir doch zur Bescheidenheit abgerichtet sind!). Wissen, dass man Skorpion mit Aszendent Krebs ist, und amüsiert Horoskope lesen.

Sich über Werbetexte ärgern, die die Zeitungen in Artikel oder Interviews einschieben, die man ihnen gegeben hat. Mit Genugtuung Zwei-Euro-Münzen in einer Schachtel sammeln, damit man immer etwas im Haus hat. Die Angst »vor schlechten Zeiten« bewahren. Fürchten, dass einem das Benzin ausgeht oder man vor Einbruch der Nacht kein Hotel findet, vor allem wenn man Kinder im Wagen hat. Seine Tochter von der Schule abholen, ihr eine Kleinigkeit zubereiten, mit ihr Briefe voller Zeichnungen austauschen, die beiderseits gleichermaßen untalentiert sind. Die »schlafenden Schönheiten« spielen. Über den Werbeslogan für eine Möbelpolitur lachen: »Das mache ich nicht jeden Tag.«

Sich nicht an Witze erinnern können. Seinem Bruder vertrauen und sich nie mit ihm langweilen. Versuchen, nicht »schwerfällig« zu sein, ohne seine Ansichten zu ändern. Einen barschen Tonfall sowie schlechtes, steifes, kränkendes Verhalten, verächtliche Blicke und Rücksichtslosigkeit gegenüber anderen hassen, wie man sie bei jenen erlebt, die sich aus irgendeinem Grund für etwas Besseres halten. Mit allen Menschen gleich reden und sich gleich verhalten, denselben Tonfall anschlagen, dieselbe Sprache benutzen. Sich darüber klar sein, dass sich das Wort »Liebenswürdigkeit« auf eine große Tugend bezieht. Sich nicht vom Unglück abwenden. Freundschaft für ein Versprechen halten. Sich in den Anblick eines wuselnden Ameisenhaufens versenken. Über eine Wiese gehen und die Heuschrecken hüpfen lassen. Wissen, wo Eichhörnchen nisten. Große Schlüssel für das Gartentor haben. Unkraut zwischen den Steinplatten einer Terrasse wachsen lassen. Nicht auf Kapuzinerkresse im Garten verzichten können.

Einen Marienkäfer auf seinem Finger laufen lassen. Auf die Milch auf dem Herd aufpassen und sie genau im richtigen Moment von der Platte nehmen. Nach einem alten Rezept seiner Mutter eine Mousse au chocolat schlagen (mit Butter). Noch immer Appetit auf pochierte Eier in Burgundersauce haben.

Ganz verdutzt sein von Taschenspielertricks, beeindruckt sein von einer schönen Aufführung oder ganz im Bann einer schönen Rede stehen…

4. September

… von lieben Freunden aufs Land eingeladen
werden und hier weiter unten das Meer entdecken,
dort den Klostergarten mit seinen Obstbäumen
und den alten Blumensorten.
Den Vercingetorix-Schnauzbart seines Groß-
onkels Joseph und die raue Stimme seines alten
Cousins Pierre (der 1914 in einen Giftgasangriff
geriet) sowie die des Kirchenhistorikers Henri-
Irénée Marrou (weil tracheotomiert) bezaubernd
finden. Kaffee trinken (Café au lait, wer's mag)
und mit den Hunden und Katzen von Cousine
Nini, die brav auf den Bänken um den großen
Tisch in L'Imberdis sitzen, gerecht Kekse teilen.
Henri Pourrat lesen, der in seinen Romanen die
Höhlen der Zauberer in L'Imberdis ansiedelt.
Sich lange strecken, die Hände hinter dem Kopf
verschränken und die Füße auf den Couchtisch
legen (leider kann man sie nicht auf den Schreib-
tisch legen wie in den tollen, alten amerika-
nischen Filmen). Hoffen, dass es einem eines
Tages gelingt, ein Streichholz an der Schuhsohle

anzureißen oder einen Revolver so lässig zu halten
wie Humphrey Bogart.

*Zwei Banditen, Rattennest, Die unglaubliche
Geschichte des Mister C., Sturm über Jamaika, Die
Toten* wieder ansehen. Jeden Tag andächtig um
17 Uhr dem Schlussmonolog von Molly Bloom
auf *Europe 1* gelauscht haben (tja, ganz zu Anfang
war das fast ein Kultursender). Sich vor Deadlines
grausen. In Versandhauskatalogen blättern, von
denen man erzählt bekam, dass man im Alter von
drei Jahren jede Seite minutiös studiert hätte.
Ein Buch in kleinen Häppchen lesen, bevor
man es dann noch einmal von der ersten bis zur
letzten Zeile verschlingt, wenn der erste Eindruck
gut war. Neue Wörter entdecken (ach, was für
ein Wunder ist doch diese ein wenig zweifel-
hafte und spät erkannte »Prokrastination«). Vor
dem Fernseher weinen, wenn der Gepard seinen
tödlich verwundeten Bruder wiederfindet, diesen
fauchend umkreist und der Verletzte ihm mit den
Augen folgt und jammert wie ein Kind ... Auf

den Moment warten, wenn Jean-Jacques Annauds
Bär sich zu voller Größe vor einem schreckstarren,
demütigen Tchéky Karyo aufrichtet. Verblüfft
feststellen, dass Leonardo DiCaprio einen geistig
behinderten Jugendlichen mit nervösem Lachen
spielt, der ständig auf den Wasserturm klettern
will, oder Robert De Niro sehen, wenn er in
seinem kleinen Zimmer mit sich selbst spricht
(*You talkin' to me?*).

Auf einem menschenleeren Metro-Bahnsteig
landen. Durch ein tosendes Gewitter rennen und
sich fröhlich unter ein Vordach flüchten. Gesalze-
nen Karamell kosten. Einen Wald oder Park mit
Anabäumen, eine Wüste, Salzgärten, Mangro-
ven oder die seenreichen Dombes im Burgund
durchqueren.

Form und Farbe einer Artischockenblüte oder
einer Eukalyptuskapsel nachvollziehen. Sich
vorzustellen versuchen, welchen Weg die Stimme
zurücklegt, die einem beim Telefonieren mit
Sydney ans Ohr dringt.

Ungeduldig mit dem Fuß klopfen, wenn es immer später wird (zu spät aufstehen, kein Taxi finden, Staus).

Einem fahrenden Hufschmied bei der Arbeit zusehen. Die Esel und Ziegen mit ihren Glöckchen vorbeigehen sehen, wenn sie aus dem Jardin du Luxembourg kommen, oder die Gendarmerie zu Pferd oder einen Konvoi Oldtimer bei einer Ausfahrt auf der Landstraße.

Brombeeren pflücken. Einem wild gewordenen Stier, einer missmutigen Gans, einem verantwortungsbewussten Wachhund entwischen. Verdrossen zusehen müssen, wie neugierige Kühe mit einem Zungenschlag die schönen Steinpilze verdrücken, die man sammeln wollte.

Rot werden und sich darüber ärgern. Jemanden zärtlich lieben, der gar keine Ahnung davon hat…

Im Restaurant zu zweit von einem Teller essen.

Im Ausland aufs Geratewohl ein Gericht bestellen. Einen antiken Schrank polieren. Ewig Miles Davis und Thelonious Monk hören.

Einen Frauenhasser mit seinen eigenen Worten in seine Schranken weisen. Aus reiner Menschenfreundlichkeit Orangenblütenwasser ins Glas der Großmutter mütterlicherseits gießen, die sich daraufhin über den merkwürdigen Geschmack des Weins wundert: »Diesen Wein kann man wahrlich nicht trinken, Étienne!« (zu ihrem Schwiegersohn).

Überrascht ein Telefonat von Fremden mithören. Den Großmüttern zuhören, wenn sie lang und breit über die Familie reden. Einen Farbholzschnitt von Hokusai, Kalligraphien, Azulejos oder einen Lendenschurz bewundern. Einen Korb voller afrikanischer Armreifen haben ...

6. September

… einen unangebrachten hellroten Fleck auf seiner weißen Hose fürchten, ihn vermeiden und rechtzeitig nach Hause gehen. Aus der Flasche trinken oder einfach den Strahl in den Mund laufen lassen. Einen Brotlaib verkehrt herum hinlegen und sich an das alte Sprichwort erinnern: »Auf dem Rücken liegend verdient man sich nicht sein Brot!«

Obst in einem Korb arrangieren. In einem Wagen mit getönten Scheiben fahren und von außen nicht gesehen werden. Eine Weinflasche mit einem Korkenzieher, der in ein Stück Rebholz gesteckt ist, öffnen und den Korken laut ploppen lassen. Bunte Raupen aufsammeln. Im Vorbeigehen auf der Straße das Eau de Cologne seiner Großmutter riechen. Die Kleider in *Eselshaut* bestaunen (der Verfilmung des Märchens *Allerleirauh* mit Catherine Deneuve und Jean Marais). Davon träumen, lange, schlanke Beine zu haben oder den melancholischen Blick italienischer Madonnen mit dem Kind auf dem Schoß, oder so blass und künstlich blond zu sein wie Tilda Swinton.

Eines lange zurückliegenden Tages tot umfallen wollen, als Claude Lévi-Strauss nach einem Referat, von dem man nichts begriffen hatte, *ex abrupto* fragte, ob man etwas dazu zu sagen habe, und sich schwören, dies nie jemandem anzutun.

Mit Sorgfalt einen Armreif für eine Freundin aussuchen. Eine leidende Seele trösten. Glasierte Maronen bekommen.

Edwige Feuillière und Jean Marais im *Théâtre Hébertot* in Cocteaus *Doppeladler* gesehen haben – er hätte lächerlich sein können in dieser Lederhose, war es aber nicht.

In Saint-Nom-la-Bretèche Osterglocken pflücken. Einmal den Gestank eines richtigen Bocks erleben. Stundenlang die bekannten Kunstdrucke *Das Stufenalter des Menschen* betrachten. Hingerissen sein von der Schönheit seines Vaters und von seinen langen, schlanken Händen. Mit geschlossenen Augen, so lange man will, den verborgenen Geruch von Teer und Meer in den Schläfenhaaren eines Menschen riechen, den man liebt und der es zulässt.

Einen schönen blauen Lidstrich ziehen. Sich über die Tränen des jungen Mädchens wundern, das so gerührt ist, einen zu treffen. Versuchen, die Fühler einer Schnecke überraschend zu berühren. Versehentlich einen Stromschlag am Ellbogen bekommen. Eine Gruppe hübscher Jugendlicher bewundern. Begeistert sein von der ätherischen Form und Farbe einer Hibiskusblüte. Aufgrund der eindeutigen Gewissheiten, die die Zahl 40 mit sich bringt, meinen, dass man mit vierzig Jahren älter ist als mit fünfzig oder sechzig. Sich Sorgen machen. Unnötig Angst haben wegen eines Patzers, einer Unachtsamkeit, einer Verspätung oder vor dem, was »die Leute sagen« könnten. Von jemandem beachtet zu werden, dessen Wertschätzung einem am Herzen liegt. Ganz einfach zufrieden sein mit dem, was man gerade gemacht hat...

10. September

… bestimmte große Autoren nie gelesen haben,
sich aber mit Freude an den geheimnisvollen
»Hügel« auf den Antillen aus seinem ersten richti-
gen Kinderbuch erinnern. In Charles-André
Julien-Brun verliebt gewesen sein, der Chor
und Orchester der Pariser Gymnasien bei der
Preisverleihung an die besten Schüler und Schüle-
rinnen an der Sorbonne geleitet hat. Zwei Monate
lang während der Scharlacherkrankung des
Bruders – vor der Zeit der Antibiotika – in einem
Internat für Taubstumme und einige Jahre bei der
Congrégation Sœurs Saint-Charles an der École
Sévigné in Saint-Étienne verbracht haben. Das
Alleinsein genießen und sich verdrücken, wenn zu
viel Trubel aufkommt.
Ähnlichkeiten erfassen, aber nicht malen können.
Die Toten wieder zum Leben erwecken, indem
man von ihnen spricht. Sich innerlich für seinen
Kleinmut verfluchen, für seine Faulheit, seine
Zögerlichkeiten, seine Unsicherheiten, seine
fehlende Beharrlichkeit, für seine Empfindlichkeit,

Langsamkeit, Verfressenheit, für seinen Hang, alles auf morgen zu verschieben, seine Angst zu »stören« und noch viele andere Unzulänglichkeiten.

Über das Adjektiv »misstrauisch« stolpern, mit dem ein Freund das schmerzliche Ende seiner Liebeserfahrungen erklärte, und sich fragen, wie man ohne Vertrauen leben kann.

Manchmal, wenn der Schmerz vorbei war, absolutes, zu Herzen gehendes, fast quälendes Glück empfunden haben.

Jemanden kennen, der dem Alltag gegenüber so gleichgültig ist, dass er aus dem Fenster schauen muss, wenn man ihn am Telefon fragt, ob die Sonne scheint oder ob es regnet.

Innerlich die unbarmherzigen Urteile und die amüsanten Charakterisierungen der Großmutter anwenden, die von ihren moralischen Ansichten und ihrer Auffassung der Geschlechter zeugen: Schmutzliese, Fettwanst, Mannweib, der gehört der Hintern versohlt, der will mit den großen Hunden pinkeln und bekommt das Bein nicht hoch, eingebildete Ziege, alter Drache, Hornochse, Windhund, Klatschmaul, Kriegstreiber, Ohrfeigengesicht, falscher Fuffziger, Maulheld, Grünschnabel, Zuckerpüppchen, armer Schlucker, Faulpelz, Herumtreiber. Auch innerlich rebellieren, wenn ein Erwachsener einen in eine Schublade mit seinen Großeltern steckt – und was noch alles! Fasziniert sein, dass man nur wenige Falten hat, und traurig sein über seine hässlichen Narben. Neugeborene, ihre winzigen Händchen, ihre runden Augen und ihre wohlgeformten Münder betrachten – all die Stellen, die Wissen und Liebe aufnehmen werden.

Manchmal auf den Lämmer- und Zickleinmarkt im burgundischen Marcigny gehen – überhaupt gern auf den Markt gehen: die kalten Augen der Fische, Berge von Obst, Käselaibe, Kräuterstände. Genüsslich eine Bestandsaufnahme des reichen Angebots von Eisenwarenhandlungen und Kurzwarengeschäften machen.

Vor Freude beben beim Gedanken, jemandem eine

schöne Überraschung zu bereiten. Geschichten erzählen. Laut lesen. Vier Katzen geliebt haben: Roulette, eine scheue graue aus der Auvergne, Julie, eine sture, gesprächige blaue Siamkatze, Petite Mère, eine gewitzte bretonische Tigerkatze, und ihren Sohn Mitchum – ein rot getigerter, sanfter Kater mit breiter Brust.

Auch nach achtundvierzig Apfeltaschen, Schokoladencroissants, Rosinenbrötchen, Schweinsohren und Brioches die verfressene Ziege Aglaé nicht satt bekommen und als Kind (zusammen mit der Schwester und der Cousine) eine alte, wahrlich rüstige Ziege mit Rumcreme besoffen gemacht haben …

15. September

… alle Ausgaben der *Cahiers du cinéma* besessen
haben. Es bedauern, dass man kein »Hutgesicht«
hat. Erst gern Rot getragen haben, dann Schwarz
und nun Blau. Stundenlang still geweint haben
angesichts der Menschen, die am 11. September
wie winzige Kommazeichen von den Zwillings-
türmen stürzten. Für altes Aufziehspielzeug
schwärmen.

Immer, wenn auch vergeblich, den Geschmack
der Renetten aus Le Mans oder der in einem
Klecks Honig geschmorten Aprikosen suchen,
von Weinbergpfirsichen und Stachelbeeren. Ohne
Verlegenheit Worte und Begriffe benutzen, die
entweder Schöpfungen der Familie oder Dialekt-
wörter sind.

Sich in ein Rätsel verbeißen. Manchmal ganz
naiv sein – und damit nicht unzufrieden sein. Aus
der Haut fahren vor einem dummen Rüpel, der
über *Das andere Geschlecht* sagte, für eine Frau sei
das gar nicht so schlecht, und ihm mit wenigen
Worten zeigen, wo sein unbedeutender Platz ist.

Durch die große Allee von Bodélio spazieren,
die vor dem Orkan *Lothar* so wunderschön war.
Eine Katze gekannt haben, die unbedingt raus
wollte, sobald ein kleines Mädchen seine Geige
aus dem Kasten nahm …

Vor seinem Vater, der einen Gorilla nachmachte,
brüllend gelacht, dann vor Angst geschrien
haben bei der Anfangsszene von Mario Bavas
Die Stunde, wenn Dracula kommt und lange
Zeit Albträume wegen des Films *Der Wolf von
Malveneur* gehabt haben.

Sich »krumm und schief« lachen oder heulen »wie
ein Schlosshund«, schon allein, wenn man sich an
etwas Bestimmtes erinnert.

Sich auf der Inneren Station der Pitié wahrlich zu
Hause fühlen. Windpocken und festgebundene
Hände gehabt haben, damit man sich nicht kratzen
kann. Beim Kühehüten Blumenkränze binden. In
Begleitung des Hundes Mirette auf dem Rücken
des großen Schäferhundes Bijou geritten sein. Mit
dem Stock auf Hähne eingeschlagen haben, die

sich, in den Augen eines Kindes, an unschuldigen
Hennen vergingen. Es bedauern, dass man nie bei
der Geburt oder dem Werfen von Jungen dabei war
außer bei der Katze Julie. Bei François und Marie
Friteyre auf ihrem Hof in Épinasse (Livradois)
gegessen haben: ausgezeichneten Aufschnitt aus
eigener Schlachterei, dann einen auvergnatischen
Eintopf mit Speck, Kartoffeln und allem Gemüse,
das dazugehört, dann Täubchen an Erbsen, dann
Hasenpfeffer (»den Hasen kenne ich«, sagte der
Cousin, der ihn gefangen hatte), dann Kalbsbra-
ten »vom Metzger« mit runden, in Nussöl sautier-
ten Kartöffelchen und Dicke Bohnen aus Soissons,
dann Salat, hausgemachten Ziegenkäse, dann
pochierte Birnen in Rotwein und Kekse, dann
einen Apfelkuchen (uff!) zu Kaffee und selbst
gebranntem Schnaps – Begeisterung und Erschla-
gensein garantiert. Aus einer langen Unpässlichkeit
wieder zu sich kommen wie nach einem Tornado
und sich sagen, dass draußen schönes Wetter
sein muss. Versucht haben, eine verwirrte Person

zu besänftigen, die ständig die Nachtschwester rief. Sich fortgetragen fühlen von einer starken, wogenden Dünung und nicht an die Endlichkeit denken. Nach einer Lampe tasten (die dann nicht funktioniert).

Sich Jahrzehnte später an ein schlichtes Organdy-kleid erinnern, das kratzte. Nur ungern die Hand unter einen Stein schieben, nachdem man *Der Schatz der Sierra Madre* gesehen hat. Zögern, ungeniert einen Umschlag mit der eigenen Adresse auf der Straße in einen Papierkorb zu werfen, nachdem man Patricia Highsmith gelesen hat. Sich den Zufall vergegenwärtigen, der es so einrichtet, dass wir nicht zeitgleich mit Menschen leben, die wir gern kennengelernt hätten. Sich sagen, dass sich ein Löwe mit einem Dorn in der Tatze oder mit den Stacheln eines Stachelschweins in der Schnauze ziemlich behindert fühlen muss. Die eigene Stimme aus einem Lautsprecher hören. Gern zu Allerheiligen auf den Friedhö-fen von Kleinstädten sein. Frankenstein alias den Totengräber persönlich treffen. In der Dämmerung den Friedhof von Bertignat, hoch oben auf einer Hügelkuppe, verlassen. Sich um die Würfe von Katzen und überzählige Ferkel gekümmert haben, die eine Ziege gesäugt hat. Sich an Spaziergänge durch schimmernde Straßen erinnern. Sich beunruhigt fragen, was man in Situationen getan hätte, die einem erspart geblieben sind … Einen aussichtslosen Kampf gegen die Rollen der Rollwagen und der Infusionsgestelle führen. Den Widerstand von Dingen und trägen Massen verabscheuen. Anhand der eigenen Erinnerungen und der Erinnerungen seiner Geschwister, des Liebsten, der Tochter die Unterschiede in der Wahrnehmung der Vergangenheit messen. Sich über die Anpassungsfähigkeit der Spezies Mensch wundern.

Innerlich kochen wegen der Dummheit, der Prahlerei, des Dünkels, der Feigheit und der Boshaftigkeit gewisser Leute. Sich weigern, in der Babysprache zu sprechen. Rot werden über seine

Aussprache des Englischen. Sich Leute ausgehend von ihrer Stimme vorstellen. Um die Stars des Stummfilms trauern, die wie John Gilbert eine Fistelstimme hatten und die schlagartig in der Versenkung verschwunden sind. Tiefe, zögerliche, deutliche, undeutliche, warme, lachende, leise Stimmen mögen und jeder eine Gestalt und ein dauerhaftes Alter zuschreiben.

Sich bestimmte groteske, übertriebene oder dissonante Worte im Mund zergehen lassen, zum Beispiel »Trastevere«, das nachdrückliche »hochachtungsvoll« oder einfach: »Wir, das Volk...«, oder das funkelnde »Souvenir«...

In einem gelben Fiat-Cabrio aus Italien zurückkehren. Im richtigen Moment gerade so weit aufbegehren, wie es sein muss. Fenster und Fensterläden weit aufmachen und Luftzüge schaffen. Schaudern bei der Vorstellung, sich erkältet zu haben. Bei einer schlagenden Tür zusammenfahren. Zusehen, wie der Wind Laken rafft, die zum Trocknen auf der Leine hängen.

Die schönen Glyzinien an den Villen von Redon bewundern. Beruhigt sein, wenn man überall oder fast überall die ruhigen Fassaden der Bahnhöfe sieht, die alle nach dem gleichen Bauplan errichtet wurden. Windkraftwerke schön finden, diese großen Vögel, die allerdings manchmal die echten Vögel bedrohen. Von Grund auf, radikal und in aller Ruhe glücklich über sein Geschlecht sein, das andere Geschlecht aber genauso mögen. Nach monatelanger Abwesenheit ein Nest von Hausmäusen im Bett finden. Siebenschläfer durch die Zimmerdecke hindurch ausschimpfen. Machtlos zusehen müssen, wie Raben ein Waldkäuzchennest angreifen. Im Winter große Ringe mit Fett und Körnern für die Vögel an Bäumen befestigen und sie im Frühling leer vorfinden.

Den Nordostpassat Harmattan in Afrika aushalten, er trocknet die Lippen aus und brennt in den Lungen. Mit jemandem die kindliche Freude teilen, unter den ersten warmen Regengüssen

im Juni zu duschen. In einem Hof, umgeben
von Lehmmauern, einen Mercedes ohne Räder
sehen – Spielzeug der Kinder des Königs von
Yatenga in Ouahigouya. Ganz genau von den
trockenen und neugierigen Händen alter Frauen
im Busch betastet werden, die feststellen wollen,
welchen Geschlechts diese eigenartige Person ist.
Sich wünschen, wie Simone Simon zu sein.
Für seinen Geschmack zu klein geraten sein.
Verblüfft sein von dem unsinnigen Überfluss der
Großen. Nicht gern baden. Sich beim Friseur
vor dem Ergebnis des Haarschnitts fürchten, es
sei denn im Salon von Stéphanie. Eine Vorliebe
für den Briefroman haben wie für *Deine Juliet –
Club der Guernseyer Freunde von Dichtung und
Kartoffelschalenauflauf* von Mary Ann Shaffer.
Eine Schwäche für alles Gemurmelte, Geflüsterte
haben, das ans Ohr dringt wie Kristalltropfen, die
an Stalaktiten herabrinnen.
Seinen Überzeugungen, seinen Freunden, seinen
Lieben treu sein. Große Begeisterungsausbrüche,

aber auch nervöse Anwandlungen haben. Nachts
nach dem Theater in der Rue de Buci Schweins-
öhrchen essen. Schlussverkäufe verabscheuen.
Versuchen, sich beim Schnarchen zu ertappen.
Nicht vor Freude außer sich sein, wenn man in
der Nutzung seines *Macintosh* einen kleinen Sieg
erringt. Der Meinung sein, dass der Führerschein
die schwierigste und befriedigendste Prüfung
ist, die man je absolvierte. Frauenfreundschaften
pflegen. Fotos oder Erinnerungsstücke hüten
wie seinen Augapfel.
In zwei Bissen eine Nusspraline vertilgen, um sich
für einen Erfolg oder eine Mühe zu belohnen.
Regenwasser sammeln, um sich damit die Haare
auszuspülen. Gern hinter dem Bus hergerannt
und hinten auf die Plattform aufgesprungen sein,
nachdem der Schaffner die Kette angehoben hat.
Einer missmutigen Katze einen dicken Kuss auf
die Nase geben. Sich mit jemandem, den man
liebt, in einem halben Jahr am Ende der Welt,
aber an einem ganz konkreten Ort verabreden,

diesen Ort nicht finden (weil es ihn nicht mehr gibt), sich aber trotzdem (und damals auch ohne Handy) treffen. Alle Orte auflisten, an denen man während einer Reise zufällig übernachtet hat. Mindestens einmal im Monat zu zweit losziehen und neue Orte entdecken. Versuchen, einem Gespräch in einer Fremdsprache zu folgen, aus dem hier und da Wörter in der Muttersprache herauszuhören sind. Höhlenwohnungen toll finden, egal, wo. Das Stimmengewirr auf dem Flughafen nicht wirklich mögen. An einem schönen Aprilmorgen triumphierend in einer rosa Hose die sonnige Seite der Rue Saint-Jacques hinuntergehen. Freudenausbrüche so unmittelbar wie Hitzewallungen bekommen. Schwarzwurzeln schälen und danach schwarze Finger haben. Zu jemandem sprechen, dessen Gesicht man im Publikum ausgewählt hat. Sich tödlich über lange Verspätungen derer sorgen, die man liebt. Die Ärmel hochkrempeln – im wörtlichen wie auch im übertragenen Sinn. Einen Ball im Flug fangen.

Eier ins Licht halten. Maronen schälen. Sich an
komplexen Familienstammbäumen freuen und
daran denken, dass die der anderen genauso gut
sind wie der eigene. Gefallen an Handpuppen
finden. Ganz vernarrt sein in West Coast Jazz
und in den Jazztrompeter Bix Beiderbecke (*Young
Man With a Horn*). Sich in hohen, weißen Kirchen
mit langen Fluchten und schweren Holztüren
von Pieter Jansz Saenredam verlieren. Ergriffen
sein von der dichten Masse violetter Iris bei van
Gogh. In Roanne in der *Maison Troisgros* gegessen
haben, als es tatsächlich noch drei beleibte Wirte
waren. Lakritze essen und Hirsebrei mit einer
Sauce aus frischen Baobabblättern.
Beim vierten Durchlesen einen Druckfehler
entdecken. Schilderungen von Schneestürmen
lesen. Sich hinsetzen und nichts tun, die Hände
baumeln lassen, den Blick in die Ferne gerich-
tet. Empfänglich sein für die Schönheit schlafen-
der Kräne, von Industriebrachen oder aufgelasse-
nen Eisenbahngleisen. Sich ärgern, weil man zu

schnell redet oder die Sätze derer zu Ende bringen möchte, die langsam sprechen. Des Panafrikanisten Harris Memel-Fotê gedenken. Sich erinnern, dass man bei der Lektüre von *Heimatlos* über das Findelkind Rémi, den Straßenkünstler Vitalis, der es aufnimmt, und dessen Hunde geweint hat.

Zu Zeiten, als Rugby noch ein richtig aggressives Spiel war, den gelungenen Rückpässen der Spieler applaudieren, die im Angriff nach vorn drängten. Lange Zeitabschnitte am Rande des Buschs in einer afrikanischen Lehmhütte gewohnt haben. Rustikale Teller auf dem Markt von Cambridge kaufen. Genau wissen, was das gehässige Pfeifen von Agnes Moorehead zu bedeuten hat, bevor sie aus dem Fenster stürzt. Auf dem Land aus dem Augenwinkel eine kleine Hausmaus durch die Küche huschen sehen. Auf einer Feluke auf dem Nil gekreuzt sein und die Rettungsarbeiten am Tempel von Philae gesehen haben. Sich an einen furchterregenden, riesigen Seeteufel im Hafen von Marettimo und diesen Aufenthalt als einen

Moment der Gnade erinnern. Spüren, wie der Planet Erde das All durchdringt, während man ausgestreckt auf einer Wiese voller Gänseblümchen liegt.

In Prunete Zucchiniblütenkrapfen und als Kind in Saint-Étienne Waffeln in Herzform gegessen haben, nacheinander gebacken in einem gusseisernen Waffeleisen, das man in die Ringe der alten Kochherde einhängen konnte. Sich bei den ersten Worten seiner Antrittsvorlesung das Weinen verkneifen und Alain Cunys düsteres Gesicht bei Claude Lévi-Strauss' Antrittsvorlesung sehen. Veranlasst haben, dass Umberto Eco als Gastprofessor auf den kurz zuvor eingerichteten Lehrstuhl für Europastudien am *Collège de France* berufen wurde, und dadurch vor versammeltem Publikum dem Minister vor Augen geführt haben, dass es keine vernünftigen Auditorien, ja nicht einmal Seminarräume gibt, die dieser Institution würdig wären (seit ihrer Ursprünge zu Zeiten Margaretes von Navarra).

La Nouvelle Mandragore im Théâtre de Chaillot
in der Bühnenloge gesehen haben und dem
legendären Gérard Philipe begegnet sein. Einen
strahlenden, so strahlenden Mond in einem
Himmel mit leuchtenden Wolken betrachten.
Sich an die schönen Zeiten des *Café Tournon*
erinnern, Heimstatt schwarzer Künstler und
Schriftsteller wie Richard Wright, Memphis Slim
und Chester Himes (mit seinem *Harlem Zyklus*
um die Polizisten Grave Digger und Coffin Ed).
Sich an schwingende Glockenröcke und die
Wespentaillen von Dior in der Nachkriegszeit
erinnern. François Truffauts Filme und Delphine
Seyrigs geheimnisvolle Stimme lieben. An Bord
einer Karavelle gefahren und nach drei Zwischen-
landungen in Ouagadougou eingetroffen sein.
Zwei Jahre auf die Installation eines Telefons
gewartet haben. Sich an Schreiben erinnern, die
mit der Rohrpost nach Paris kamen, oder an den
Tod eines Papstes zwei Monate nach seiner Wahl.
An das Vergnügen, durch die Rue de la Huchette

zu schlendern, um ins *Maspero* oder ins *Caveau* zu Jazzkonzerten zu gehen, Miles Davis gesehen haben – sich an all diese unbedeutenden Dinge erinnern, die zum Symbol einer Ära geworden sind. Die Wörter lieben, wie sie sich im Mund anfühlen, wie sie klingen. Massenhaft Schals haben, die man nie anzieht. Von der Afrikanistin Denise Paulme sechs Kristallgläser geerbt haben. Von Briefen unbekannter Bewunderer bestärkt und getröstet werden. Stundenlang einfühlsam und aufmerksam mit dem so jung aus dem Leben gerissenen Francis geredet haben. Mit einem Baby, das laut auflacht, *Kille-Kille-Kitzelkäfer* spielen; Fronleichnamsprozessionen mit festlichen Tüchern an den Fenstern und Rosenblüten in Körben erlebt haben.

Eine Cousine gehabt haben, die von Hand ihre Kühe gemolken und sich dabei die Nase mit einer Wäscheklammer zugedrückt hat. Vichy-Pastillen, Anisbonbons oder *Pastilles de Vosges* aus hübschen Schachteln naschen. Sehen, wie die

Kinder wachsen und die Alten schrumpfen. Sich einen Spaß daraus machen, in Alexandrinern zu sprechen und sich an Du Bellays »… des Meeres Brise nicht für Anjous Zephirdüfte« erquicken. Oberhalb der Gare de Montparnasse gewohnt haben wie gegenüber dem Dampfer *Amarcord*, bei dem alle Bullaugen erleuchtet waren. Ausgiebig schmusen. Sprachlos sein von der Erotik in *Queen Kelly*, von Daniel Day-Lewis' glühendem Verzicht in *Zeit der Unschuld*. David Suchets Affektiert-heit als Hercule Poirot genauso schätzen wie Lino Venturas Ungeschliffenheit, die Perversi-tät des kichernden Richard Widmark oder Gene Tierneys erstaunliche Sanftheit in *Ein Gespenst auf Freiersfüßen*, dahinschmelzen vor der Unbeholfen-heit Henry Fondas, der in *Faustrecht der Prärie* in der letzten Szene zum Ball geladen ist …

23. September

… sich wohlfühlen in der kargen Welt des *Wüsten-planeten* mit seinen gigantischen unterirdischen Wassernetzen. Das Wasserreservoir von Montsouris besichtigt haben. Versucht haben, eine Drossel wiederzubeleben, die gegen eine Fensterscheibe geflogen war, und die Verwirrung des dazugehörigen Männchens erleben müssen, das tagelang an diese Stelle zurückkam.

Alte Möbel restaurieren. Einen großen Raum mithilfe von Eltern oder Freunden neu streichen.

Sich in der großen, prächtigen Moschee von Córdoba wohlfühlen. Die riesigen schwarzen Stiere bewundern, die sich in Spanien am Straßenrand vor dem Himmel abzeichnen. Einen Strauß aus blühendem Fingerhut binden.

Bei der Zweihundertjahrfeier der Französischen Revolution auf der Tribüne auf der Place de la Concorde durchnässt und durchgefroren gewesen sein, weil der Wind das Wasser der Springbrunnen auf die Gäste geweht hat.

Sich mit François Mitterrand über die romanischen

Kirchen des burgundischen Brionnais unterhalten haben. Immer wieder aufs Neue angerührt sein von der Anmut der kleinen Kirche in Baugy auf ihrer grünen Wiese. Sich weigern, Gurken in Sahnesauce zu essen und Sahne überhaupt. Kommunale Blaskapellen lieben und die Veranstaltungen zum Schuljahresende besuchen. Dem schönen Torero Luis Miguel Dominguín in seiner Glanzzeit begegnet sein. Starke Seelen bei Michel Foucaults Tod weinen gesehen haben. In pieksendem Heu geschlafen haben.

Beim Weihnachtsessen gewesen sein, zu dem der Bürgermeister und Wirt von Bertignat und seine Frau einen echten Tippelbruder mit Seesack und Schnürstiefeln eingeladen hatten, der aber nur um heißes Wasser und Salz bat, um sich Nudeln zu kochen, sowie um einen Schoppen Wein (und zwei bekam).

Bei der Feldforschung wundervolle Gesprächspartner haben. In größten Gefühlswirren einer alten Dame aufgeholfen haben, die die Leute auf

Knien anflehte, sich um das Baby ihrer Tochter
zu kümmern, die im Kindbett gestorben war
(was geschah). Auf afrikanischen Pisten wie
über Wellblech gefahren sein, wobei die Wagen
grundsätzlich kaputtgingen, wenn man nicht
die richtige Geschwindigkeit einhielt, und den
schmalen Spuren der Fahrradreifen gefolgt sein,
die natürliche Hindernisse auf staubiger oder roter
Erde umfuhren. (Doch nicht) eine Nahtoderfah-
rung gemacht haben. Sich zwingen, leserlich zu
schreiben. Von einem schönen Smoking von Yves
Saint Laurent oder einem tollen Kleid träumen,
das man in einer Zeitschrift gesehen hat.
Verblüfft sein von einer Doktorarbeit über
»Die Adhäsionskräfte der Scopulahaare an den
Tarsusspitzen einer Madagaskarspinne«. Ganz
hingerissen sein von dem liebestollen King Kong
und sich fragen, wie man ihn in die Schiffslade-
räume gezwängt hat. Trauben-, Orangen-, Apfel-,
Wassermelonenkerne ausspucken (aber keine
Avocadokerne!). Zur Sache kommen.

Sorgfältig ein kompliziertes Muster ausschneiden. Einen Schlusspunkt unter einen Text setzen. Ein verlassenes Café auf der Straße nach Paray-le-Monial entdecken, das der Zeit trotzt. Über den burgundischen Akzent in der Stadt Digoin lächeln. Sich belustigt erinnern, dass man in der Oberstufe Unterricht in Savoir-vivre hatte. Fast ertrunken sein, weil man so gelacht hat. Zusammen mit dem König von Belgien einen Ehrendoktor bekommen. Bei der Ausfahrt aus einem Parkhaus zwei parkende Autos rammen. Sich gerührt an jede Rückkehr an Orte der Feldforschung erinnern. Gelernt haben, sich nach den Plejaden zu orientieren. Stundenlang durch den dornigen Busch fahren. So ein eigentümliches Tier wie ein Erdferkel sehen. Eine ganze Nacht unter einem Lehmdach triefen, das im Regen aufgeweicht ist. Ein paar Quellen kennen. Sich mit Freuden an Begegnungen erinnern, die einen geprägt haben. Innerlich frohlocken, wenn etwas so abgelaufen ist, wie man es vorgesehen

hatte. Wissen, dass es zwar sonnig, aber kühl ist
und man besser etwas überziehen sollte. Sich über
die immer jünger werdenden Menschen um einen
herum wundern und einen fünfundzwanzigjäh-
rigen Computerlehrer haben. Angerührt sein
von dem, was die Mutter mit »im Kopf immer
zwanzig Jahre alt sein« gemeint hat, und dass der
Vater einen nicht mehr wiedererkannte.
Jeden Sommer wieder den Kokosduft des
Stechginsters riechen. Im Wald von Fonlupt
Blaubeeren sammeln und mit schwarzen Lippen
zurückkehren. Spüren, wie der Schmerz langsam
nachlässt, während das Morphium zu wirken
beginnt. Sich für die historischen Romane von
Robert von Ranke-Graves und dessen Bücher
über die griechischen Götter begeistert haben.
Immer auf irgendeine Weise zur Schule gegangen
sein. Sich während des Sinaikriegs frugal von
einem dünnen Weißbrot und einer Tasse Kaffee
am Tag ernährt haben und dankbar eines Abends
bei Diamantenhändlern, den Eltern einer

Freundin, eingeladen gewesen sein. Ins *Théâtre de l'Odéon* gehen und danach im *Au Petit Suisse* essen, das 1791 an der Ecke Rue Corneille und Rue de Vaugirard gegründet wurde. Auf Djerba einen Heiratsantrag von einem Einheimischen bekommen, der von hochgeschlossenen Kleidern fasziniert war. An der Universität von Akkra ein Taxi für die Anthropologin Germaine Dieterlen finden, der die Fahrer wegen ihrer Ansprüche aus dem Weg gingen. Den *hogan*, den spirituellen Führer der westafrikanischen Dogon, grüßen – vor seiner hohen Hütte, in die in regelmäßigen Abständen Nischen geschlagen waren, in denen Tierschädel lagen. Stundenlang in allen Einzelheiten Modelle nordafrikanischer Städte betrachtet haben, die damals im *Musée des Colonies* (heute *Musée National des Arts d'Afrique et d'Océanie*) im *Palais de la Porte Dorée* untergebracht waren. Zusammen mit einer Freundin auf Kreuzfahrt gewesen sein.

Einmal auf einem Dromedar gesessen haben.

Lokum und Sirupgebäck lieben. Im indianischen Museum in Ottawa (*Musée Canadien des Civilisations*) die Schreie der Raben hören. Noch immer bei der Erinnerung an ein Kätzchen lachen, das in Togo am Straßenrand gierig und mit gesträubtem Fell ziemlich würzige Fleischstücke verschlang. Sich an die Schwalben am Pariser Himmel und an den Jahrmarkt erinnern, der sich im Norden der Stadt von Clichy bis zum Parc Monceau erstreckte. Lebkuchen essen. Für Spekulatius sterben. Ein Haus betreten, in dem es nach Bratäpfeln duftet …

10. Oktober

… an einem regnerischen Winterabend an der
verlassenen Metrostation Censier-Daubenton
ein Grüppchen von drei Punks mit Irokesenfrisu-
ren und *Doc Martens*, die in einem Hauseingang
randalierten, nach dem Weg gefragt haben und
von drei zuvorkommenden jungen Leuten bis
zum Square Vermenouze begleitet worden zu sein:
»Ja doch, Sie hätten es allein nicht gefunden –
außerdem, man kann ja nie wissen …« Mit
halsbrecherischer Geschwindigkeit in einem
luxuriösen *Facel-Vega* mit heller Lederausstattung,
die nach Honig duftete, auf der gerade eröffne-
ten leeren Autobahn in Richtung Normandie
gefahren sein.
Auf dem Land oft aus einem Rest Suppe, Wein
und Speck *Chabrol* gekocht haben. Im Krieg
Hartkäse gegessen haben, aus dem mit tollen
Verrenkungen und Überschlägen Maden krochen.
Während der Massenflucht 1940 in Sully-sur-
Loire haltgemacht und, weil die Erwachsenen
es nicht durften, zusammen mit der großen,

neunjährigen Schwester Wasser in Bechern an gefangene Soldaten verteilt haben, die nicht stehen bleiben durften. Sich wieder mit sechzehn Jahren in einem weiten weißen, schwingenden Kleid mit großen grünen Punkten und breitem Kragen sehen, später in einem roten Kleid aus Faille-Seide mit engem Oberteil, ausgestelltem Rock und zwei kurzen Volantärmeln aus weißem Organdy – oder in einem kurzen, sehr eng anlie-genden Kleid aus grober schwarzer Spitze mit viereckigem Ausschnitt und in einem kastanien-braunen Samtkleid mit goldbrauner Weste im Fischgrätmuster, die man mit einem Riemen zuband, einem breiten Gürtel aus schwarzem Leder, der die Brust betonte, und in helllila Tanzschuhen mit silbernen Absätzen.

Noch immer leichte Unruhe verspüren angesichts der Tiefen großer, schwerer Burgunderschränke, die mit schillerndem dunkelgrünem Moiré-Stoff ausgeschlagen sind und bei denen man das Gefühl hat, man könne von der Dunkelheit verschluckt

werden oder in ein helles Licht eintauchen, wenn
man hineinfällt. Staunend in seinem Inneren die
Stimmen mancher Toter hören, aber nicht aller,
nein, und ohne zu wissen, warum es gerade diese
sind und nicht jene. Mit seinen Fingern spielen.
Sich in Augenblicken größter Angst, Aufregung
oder Verlegenheit wie ein Stein fühlen, der sich
selbst und sein Leben umschließt. Mit einem
kupfernen Türklopfer an eine hohe Tür klopfen.
Die Augen schließen, um das Lied des Windes
in den hohen Pappeln von Bodélio besser zu
hören, und seinen Hauch im Gesicht spüren.
Es nicht leiden können, wenn einem die Haare
ins Gesicht fallen, wenn der Hals in geknoteten
Schals gefangen ist, wenn man Lippenstift oder
eine Handtasche in der Armbeuge, fleischfarbene
Unterwäsche oder ein zu enges Kleidungsstück
trägt, das unter den Achseln kneift.
Sich eine Münze geben lassen, um die Freundschaft nicht zu zerschneiden, wenn man jemandem
ein Messer oder einen Brieföffner schenkt.

Gefallen an Geistesblitzen haben, an Humor,
Scherzen und Ironie, aber Sarkasmus hassen.
Ein Gespür für Ungewöhnliches, Unpassen-
des, für Diskrepanzen und Bizarres haben, das
wie ein Blitz aufleuchtet. Sich anmutig bewegen,
charmante Handbewegungen machen, sich
geschmeidig aus einem Sessel erheben.
Wissen, dass die Zeit beim Nachdenken vergeht
wie im Flug und man ganz entgeistert wieder
zu sich kommt. Gloria Grahames spitzes Kinn,
ihren schelmischen Blick und ihr perlendes
Lachen mögen. Angst vor Treibsand haben, vor
Erdrutschen, vor den hohen Stufen der mexikani-
schen Pyramiden, davor, sich den Fuß zu verstau-
chen, rückwärts zu gehen. Üppige Hortensien-
sträuße binden. Auf die stumme Frage aller
Kleinkinder »Wer bist du denn?« mit einem
Lächeln antworten.

*

Wie Sie feststellen können, lieber Jean-Charles, handelt es sich hier weder um hochtrabende metaphysische Spekulationen noch um tiefschürfende Überlegungen über die Nichtigkeit des irdischen Lebens oder unser Liebesleben.

Es geht einfach um die Möglichkeit, aus jeder Lebenserfahrung etwas Schönes und Anmutiges zu ziehen, einen Schatz, der ganz von allein immer größer wird und aus dem man täglich schöpfen kann. Wirklich keine Hexerei, oder? Natürlich stecken in diesem bunten Sammelsurium Gefühle, Empfindungen, Emotionen, Glücksmomente, die man erlebt hat und noch immer erlebt.

Sie haben Ihre eigene Quelle der Erinnerungen, die nur drauflossprudeln will, die Ihnen Gesellschaft leisten und Sie in allen Ihren künftigen Handlungen unterstützen will.

Ich habe gelernt, meine Erinnerungen als das zu erkennen, was sie sind: wundervolle Meilensteine unseres Lebens.

Auf einmal wird unser Leben um so vieles reicher
und interessanter, als man meint. Und denken
Sie vor allem daran, dass Ihnen all das nie wieder
genommen werden kann.

Schlusswort

Wirklich keine Hexerei, schrieb ich an den
Empfänger dieses Textes. Ja, aber dennoch uner-
lässlich. Wer bin *ich* über die äußerlichen Merkmale
hinaus, die man mir zuschreiben kann – äußere
Erscheinung, grob umrissene Wesenszüge, soziales
Umfeld, berufliche Tätigkeit und private Aktivitä-
ten, Familienbande und Freundschaften, Gruppen-
zugehörigkeiten, der Ruf, das Engagement?
Wer bin ich über diese sicherlich richtigen,
aber dennoch konstruierten und täuschenden
Charakterisierungen hinaus? Ich bin ganz und
gar *ich*. Und dieses Ich, das unser Reichtum ist,
besteht aus einer Offenheit gegenüber der Welt –
aus Beobachtungsgabe, Empathie für das Seiende,
Einssein mit dem Wirklichen. Das Ich denkt
und handelt nicht nur, es fühlt auch und verspürt
naturgemäß eine innere Energie, die sich stetig
erneuert. Wäre es ganz ohne Neugier, Einfühl-
samkeit, Verlangen, ohne die Fähigkeit, Freude
und Leid zu empfinden, was wäre dieses Ich,
das denkt, spricht und handelt?

Ich wollte der nicht fassbaren Kraft nachspüren, die uns antreibt und uns ausmacht. Natürlich hängt diese Kraft von unserer Lebensgeschichte ab, aber sie ist nicht auf die Vergangenheit bezogen, sondern sie ist die Grundlage und die, wenn auch unbewusste, Rechtfertigung jeder gegenwärtigen und künftigen Handlung. Das Ich wäre nicht, was es ist, wenn bestimmte Ereignisse, die sein Leben geprägt haben, nicht eingetreten wären – aber es wäre auch nicht so, wenn es nicht die Chance gehabt hätte, dieses oder jenes Gefühl zu empfinden, bei dieser oder jener Gelegenheit ein Kribbeln zu verspüren und diese oder jene körperliche Erfahrung zu machen.

Dieses Buch ist ein Plädoyer dafür, nicht einfach nur die Kindheit als Teil unserer Persönlichkeit anzuerkennen, sondern diesen großen blühenden Garten der Affekte, die uns – empfindsame Wesen, die wir sind – prägen und weiterhin stetig prägen werden. Ein Plädoyer dafür, dass wir nicht nur von Zielen besessen sein sollten, die wir erreichen wollen – Karriere machen, Unternehmungen anpacken, Rentabilität sichern –, und dabei das Ich aus den Augen verlieren, das auch noch im Spiel ist. Damit wir wissen, dass die ständig erneuerte Lebensleistung von diesem inneren Motor angetrieben wird, nämlich der Neugier, dem einfühlsamen, wohlwollenden oder auch konstruktiv-kritischen Blick, den das Ich auf seine Umgebung richtet.

Man muss sich Zeit nehmen, um diese persönliche Blütenlese der Sinne zu gestalten – die man auch gemeinsam mit anderen unternehmen kann –, das grundlegende Substrat der *conditio humana*. Mit diesem und auch mit vielen anderen Begriffen (denken wir an das »Jammertal«, das unser Leben auf Erden sein soll) gelangt man immer irgendwann zu der schmerzlichen Erfahrung der Endlichkeit. Ja, aber zum Menschsein gehört eben auch Lust, Appetit, Verlangen, Spüren und Fühlen, dazu gehört es, ergriffen, gerührt, betroffen zu sein

und all das anderen mitzuteilen, die diese gemein-
same Sprache verstehen.

Unser Ich besteht ebenfalls aus Erinnerungen,
aber wonach werden sie ausgewählt? Es geschieht
ohne unseren Willen, und die Psychoanalyse
kann ganz genaue Gründe für ein notwendi-
ges Verdrängen anführen, auch wenn nicht alle
vergessenen Erinnerungen dem Unbewussten
unterliegen. Das Ereignis geht vorbei, doch das
Wesentliche ist in unseren Körper eingeschrieben
und kommt durch einen flüchtigen Auslöser,
durch ein prickelndes Gefühl, durch die erstaun-
lich heftige und manchmal unnachvollziehbare
Kraft einer Emotion wieder an die Oberfläche.
Woran sollte das liegen, wenn nicht an dieser
scharfen inneren Stimme, diesem lebenswichtigen
Dynamo, von dem wir nicht einmal wissen, dass
wir ihn im Lauf der Zeit entwickelt haben? Die
Erinnerung selbst mag nicht mehr bestehen, aber
das sensuelle Gedächtnis des Körpers spricht

ständig mit uns. Wir sind ein Gewebe voller Sensoren, die lang- und zählebige Eindrücke speichern. Sie sind die Tutoren, die uns führen und leiten. Zu viele Erinnerungen würden uns lähmen. Stellvertretend dafür bleiben uns die Urbilder dessen erhalten, was uns im großen Repertoire der Emotionen wirklich berührt.

Hier ist Proust nicht weit. Doch nicht der Geschmack der Madeleine, des Sandtörtchens, bringt die Erinnerung zurück – es ist die empfundene sensorische Erregung, die denselben Sinneseindruck wie in der Kindheit herauf-beschwört. In einem Ritual, in dem sich alles – der außergewöhnliche Rahmen, die Zeit, die Person der Tante, der Tee, die Madeleine – verdichtet wie in einem gut gezielten Pfeil und für immer im süßen, ein wenig faden Geruch einer Konditorei festsetzen wird. Also in jener Sinneswahrnehmung, die vielleicht bei diesem Kind am ehesten in der Lage war, der immerwährenden Lebendigkeit des Ganzen prägnant Ausdruck zu verleihen.

In gewisser Weise lässt sich der Sensualismus des Philosophen Étienne Bonnot de Condillac an jedem Einzelnen von uns aufzeigen. Die Welt existiert mittels unserer Wahrnehmung, bevor sie in unserem Denken in eine Ordnung gebracht wird. Und wir müssen alles daransetzen, im Lauf unseres Lebens diese schöpferische Eigenschaft der sinnlichen Wahrnehmung zu erhalten: sehen, hören, beobachten, zuhören, berühren, streicheln, spüren, riechen, schmecken, Lust haben auf alles, auf die anderen, auf das Leben.

Inspirationen

Agatha Christie's Poirot (Krimiserie), 65 Episoden, GB seit 1989.

Alien – Das unheimliche Wesen aus einer fremden Welt, Ridley Scott, GB, USA 1979.

Ally McBeal (Anwaltsserie), David E. Kelley, 112 Episoden, USA von 1977 bis 2002.

Amarcord, Frederico Fellini, I 1973.

Chroniques de l'Afrique sauvage, Episode über den sterbenden Geparden, Laurent Frapat, 12 Folgen, F 1994/95.

Das unbekannte Gesicht, Delmer Daves, USA 1947 (Agnes Moorehead).

Der Bär, Jean-Jacques Annaud, F 1988 (Tchéky Karyo).

Der Navigator, Buster Keaton und Donald Crisp, USA 1924.

Der Schatz der Sierra Madre, John Houston, USA 1948.

Der Todeskuß, Henry Hathaway, USA 1947 (Richard Widmark).

Der Wolf von Malveneur, Guillaume Radot, F 1943.

Der Wüstenplanet, David Lynch, USA 1984.

Die Stunde, wenn Dracula kommt, Mario Bava, I 1960.

Die Toten, John Houston, USA 1987.

Die unglaubliche Geschichte des Mister C., Jack Arnold, USA 1957.

Dr. House (Arztserie), David Shore, 177 Episoden, USA
 2004 bis 2012.

Ein Gespenst auf Freiersfüßen, Joseph L. Mankiewicz, USA
 1947 (Gene Tierney).

Eselshaut, Jacques Demy, I, F 1970.

Faustrecht der Prärie, John Ford, USA 1946 (Henry
 Fonda).

Frankenstein, James Whale, USA 1931.

Gilbert Grape – Irgendwo in Iowa, Lasse Hallström, USA
 1993 (Leonardo DiCaprio).

Ich – Die Nummer eins, Claude Pinoteau, F 1973 (Lino
 Ventura).

Inspector Morse (Krimiserie), Colin Dexter, 33 Episoden,
 GB von 1987 bis 2000.

Jenseits von Afrika, Sydney Pollack, USA 1985.

King Kong und die weiße Frau, Merian C. Cooper und
 Ernest B. Schoedsack, USA 1933.

Navy CIS (Krimiserie), Donald P. Bellisario und Don
 McGill, 210 Episoden, USA seit 2003.

Ohne besonderes Tatmotiv, Philippe Labro, F 1971
 Jean-Louis Trintignant).

Queen Kelly, unvollendet gebliebener Stummfilm, Erich
 von Stroheim, USA 1928/29.

Rattennest, Robert Aldrich, USA 1955.

Stadt in Angst, John Sturges, USA 1955 (Spencer Tracey).

Sturm über Jamaika, Alexander Mackendrick, GB 1965.

Taxi Driver, Martin Scorsese, USA 1976.
Vom Winde verweht, Victor Fleming, USA 1939.
Zeit der Unschuld, Martin Scorsese, USA 1993.

BÜCHER UND ZEITSCHRIFTEN

Baker, Dorothy (1938), *Der Jazztrompeter*, Wien 1949,
    über das Leben des Jazzmusikers Bix Beiderbecke
    (1903–1931).
Beauvoir, Simone de (1949), *Das andere Geschlecht*, Reinbek
    bei Hamburg 1951.
Bellay, Joachim du, »Ulyss«, in: *Römische Sonette* (1558),
    München 1976, S. 151.
Cahiers du cinéma (Filmzeitschrift), gegr. 1951 u. hg. v.
    André Bazin, Jacques Doniol-Valcroze und Joseph-
    Marie Lo Duca.
Cocteau, Jean (1947), *Der Doppeladler*, München 1960;
Herbert, Frank (1965), *Der Wüstenplanet*, München 2001.
Highsmith, Patricia (1972), *Lösegeld für einen Hund*,
    Zürich 1974.
Malot, Hector (1878), *Heimatlos*, Stuttgart 1893.
Shaffer, Mary Ann (2008), *Deine Juliet – Club der
    Guernseyer Freunde von Dichtung und Kartoffelschalen-
    auflauf*, Reinbek bei Hamburg 2008.

*Pieter Jansz Saenredam, niederländischer Maler
(1597–1665).*

Franz Schuberts *Winterreise*, interpretiert von Laurent
Naouri im Juni 2011 im Kulturzentrum *Le Vieux
couvent* in der bretonischen Stadt Muzillac.

Jean Vauthier, *La Nouvelle Mandragore*, Komödie in fünf
Akten nach *La Mandragore* (Original: *La Mandragola*. Dt.: *Mandragola*) von Niccolò Machiavelli (1518),
Inszenierung mit Gérard Philipe 1952 im *Théâtre
national populaire* im Palais de Chaillot.

Das Original erschien 2012 unter dem Titel
»Le Sel de la vie« bei Éditions Odile Jacob, Paris.

Penguin Random House Verlagsgruppe FSC® N001967

2. Auflage
Copyright dieser Ausgabe © 2022 Penguin Verlag
in der Penguin Random House Verlagsgruppe GmbH,
Neumarkter Straße 28, 81673 München
Copyright der Originalausgabe © 2012 by Odile Jacob
Copyright der deutschsprachigen Ausgabe © 2013
beim Albrecht Knaus Verlag, München
Gesetzt aus der Adobe Caslon von
Uhl + Massopust, Aalen
Druck und Einband: Friedrich Pustet, Regensburg
Printed in Germany
ISBN 978-3-328-60262-0

www.penguin-verlag.de

Persönliche Erinnerungen

Persönliche Erinnerungen

Persönliche Erinnerungen